4/8/2017

A mi muy
amada amiga,
Dolly Vázquez,
con todo el cariño
y el amor desplegado
en mis poemas.

Pablo

Autor: Pedro Dávila.

Título de la obra: *Transparencias. Los vaivenes de Cupido.*

Número de páginas: 134

ISBN-13: 978-1545020685

ISBN-10: 154502068X

Género: Poesía.

Año de Publicación: 2017.

© Del texto del libro: El autor.

Edición y diagramación: Juan Navidad , de www.laovejitaebooks.com

Transparencias
Los vaivenes de Cupido
Pedro Dávila

INTRODUCCIÓN

El autor nos brinda un poemario denso en su estructura y su temática. A lo largo de estos textos, Pedro Dávila nos cautiva, provocando el goce de una lectura caracterizada por el destello rítmico y la precisión métrica elaborada como resultado de sus experiencias de buen lector y académico; aunque, cabe destacar que **Transparencias** es —como confiesa su autor— *"símbolo de vida, metáfora y flor/ cuerpos de arcoiris de luz sin calor / cultura sangrante de un farsante dios."*

Este digno esfuerzo de creatividad, tiene en sí mismo el noble ejercicio de la humildad ante la vanidad posible del lauro por el parto poético en el que *"el añejado vino"* nos llega cuando *"el barril sangra"* desde sus *"jardines perennes"* de la adolescencia a la madurez, con todos los vaivenes del existir amatorio que trasciende la *"belleza del alba enamorada"* al ser amado, que es concreto, carne y pensamiento de un sentimiento auténtico. Tal es la estatura de estas *Transparencias*.

Juan Matos

PREFACIO

NATIVIDAD MÁRQUEZ PÉREZ

La tarea de un poeta se asemeja a la de un arquitecto, pues ambos, al entregarse a sus sueños creadores, se embarcan en el digno quehacer de dar vida a lo que entienden será su obra maestra. Aunque el primero se vale de una materia prima que no tiene peso ni ocupa espacio, su habilidad estriba en lograr que su palabra irradie esa magia que impacte al lector con su fragancia, su pureza y su bien definida imagen de virtuosa criatura, fecundada en el alma de ese ser especial que la concibe. Entonces, así concebido, el verso, que brota a la superficie del Parnaso con la libertad y la voluntad única que le concede el don de la palabra, va construyendo a trazos el poema...

Un poema, que en su origen se alimentó de una materia prima que jamás pudo ser tocada o percibida por el tacto humano, puede llegar a ser tan fuerte y poderoso, que haga añicos imperios de maldad. Es que si ese poema lograra florecer partiendo desde el vientre de un alma rica en llamas de bondad, puede cubrir el mundo con su fuego y arropar con sus furiosas llamaradas de amor el universo entero. Cuando la bondad se impone, la maldad se hace añicos y el imperio del amor brilla cual nunca antes sobre los verdes campos que danzan de alegría celebrando este augusto triunfo.

Ese triunfo que acabo de pregonar lo pude atestiguar el otro día, al concluir la lectura de *Transparencias*, libro del autor yabucoeño, Pedro Juan Dávila. Esa quieta mañana, cuando apenas enseñaba su rostro la tibia primavera, levanté la mirada en lontananza y vi, no sé si por casualidad o por la emoción acuñada en mí por el destello de luz del alba lustrando la arboleda de La Pandura, pues este cerro parecía agitar sus ramas cual si se uniera en soberano aplauso a aquél que yo prodigaba en mi fuero interno, por una victoria más del amor, la bondad y la esperanza sobre las mezquindades que el género humano esparce por las cuatro esquinas del planeta. ¡Claro que es digna de halagos esta victoria! Cuando el niño poeta deja atrás los tesoros de su infancia y se alza sobre mares insondables por rutas desconocidas que congelan el alma, cuando en su aterrizaje huye del viento frío y del agua congelada para dar con sus huesos en un pequeño cuarto desolado, cuando ahí se mantiene acurrucado hasta lograr su ancianidad y un día brota al mundo con un libro en la mano cual presa dorada, porque triunfó en su lucha contra el tiempo, se desbordan los motivos para levantar las manos y dar gracias al mundo por un triunfo logrado en buena lid.

Imagino las batallas íntimas del poeta en su solitario encierro en esas largas noches de diciembre y enero. Se revuelcan entonces recónditos recuerdos, cadáveres sepultos de hace años que regresan al mundo presentándose en forma de **Ilusiones de Amor Niño:**

> Entra el sol por mi ventana
> alumbrando los recuerdos,
> ilusiones de amor niño
> y adolescentes ensueños.

La nostalgia es el alimento del poeta que sufre el cruento castigo del "voluntario" destierro. Para los hijos de la patria nuestra, esa nostalgia se torna en adicción. Cada mañana, el embriagante aroma del café es para el desterrado, la dosis matutina que despierta la fantasía de atesorar la patria entre sus manos. Y ese sueño, ya metido en sus venas cual narcótico, hace brotar mil versos, fruto de la fecunda inspiración harta de angustia. Es que mi hermosa patria, a la distancia, se insinúa cual hada ensoñadora que en la noche hace guiños a la luna desde un nicho paradisíaco en el Caribe. En esa sensación de prístino amor patrio, doloroso, se asoman de forma sigilosa aquellas remembranzas implacables de lo que algún día fueran **Sueños de adolescente**:

> Cantan albas de alegría,
> si es que a mí se acerca mi diosa:
> mi amiga de adolescencia
> revuelca mis mariposas.

Recuerdos patrios y amores viejos que sembrados en el fértil conuco del recuerdo florecen campechanos y hacen que broten borbotones de versos del alma del poeta. La poesía lo salva. Por eso sobrevive cual coquí en suelo extraño. Lo imagino en silencio, cual oteando a lo lejos a ver si un día cualquiera su fantasía descubre arenas de una orilla del Caribe bañadas por las olas al arrullo de palmas, o quién sabe si un día, encendiéndose el alba, se descorre el telón lúgubre de la noche y surge en lontananza el milagro esperado de El Yunque que se exhibe en el oriente patrio.

En ese forcejeo íntimo en el alma del poeta, la lucha por sobrevivir, por imponer su luz entre tantas brillantes querencias del pasado, en su preferencia lírica, se encienden unas, se desvanecen otras, hasta que al final una de ellas captura la inspiración tan ansiada, y entonces toma forma de poema. La patria, la soledad, "el ventorrillo aquel de mil recuerdos" de la esquina del barrio, la playa, la montaña, la mujer… !ah la mujer!… siempre se impone su belleza y su altivez en esa eterna lucha de brillantes querencias del pasado y hasta pareciera volver loco al poeta cuando analizamos el contenido de su **Desvarío:**

> Reclamando nieves, aún en pleno estío
> voy sembrando hielo y cosechando frío
> para ver si logro borrar en mi mente
> tu voz y tus ojos, tu cuerpo y sonrisa
> que a diario me siguen, que a diario respiro.

El poder de recuperación no puede estar ausente en el mágico certamen de un desfile de versos. Así como en el deporte del fistiana el gladiador deberá recuperarse si pretende imponerse con su cría; en el arte de ejecutar con la palabra un concierto de belleza y armonía no podemos caer y quedarnos tendidos. Preciso es levantarnos en pos de una salida airosa.

Pedro Juan no interesa que el lector imagine que está loco. Si bien nos aparece sembrando hielo y cosechando frío en su bien logrado poema **Desvarío**, en **Amor Carente de Armonía** se presenta totalmente centrado, capaz de retar y solicitar explicaciones a su amada, cuando ésta exige a su compañero

que le rinda pleitesías:

> Tú pretendes ser el sol y nunca la luna,
> insistiendo alumbrarme todo el día
> y si luna en camuflaje te simulas
> siempre exiges que te rinda pleitesías.

En palabras sencillas, nos hallamos frente a un autor,

que hallándose en total control de sus sentidos, se vale de la magia de su licencia poética muy bien utilizada, para tornarse en loco cuando le place para expresar el amor por su adorada y que empuña, cuando es preciso, las dotes de su cordura para hacerla entender que un poeta , a la vez que siembra hielos, puede exigirle con vehemencia, mas sin ofensas, respeto a sus criterios, dentro de su relación.

De la misma manera que en el cuadrilátero de boxeo, el gladiador exhibe sus quilates con el uso de sus habilidades para imponerse al rival, el poeta impone sus destrezas cuando, mediante el uso de metáforas, símiles y un amplio arsenal de imágenes poéticas, mantiene al lector cautivo con sus transparencias. Dejando plasmada su honestidad en cada línea, construye su obra de arte con mesura, sin abandonar la verticalidad nutrida por sus principios éticos. Su poema **Heridas y Rencores** es cual templo erigido a la verdad antes expuesta. En las primeras líneas se refiere al pez y a la carne herida que no se esfuerzan por remediar su situación y remacha al final con la situación del ser humano que no se indigna cuando es abusado.

    Malsano el pez que retiene el anzuelo
    al entrar a su casa,
    y la carne herida si no se repone
    al recibir el dardo.
    ...
    Así mismo el hombre
    si pierde su voz al ser acusado
    es tímpano sordo
    si no se repara al ser denigrado.

Como bien dije antes, el poeta se ubica en su destierro, cual aquellos que algún día emigramos de la costa y nos topamos con un pequeño cuarto donde vivimos y nos encontramos con un segundo, al salir de nuestro apartamento,... tal vez enorme en sus dimensiones, pero sin puerta al aire borinqueño, a nuestra tierra y nuestra flora: al mar de nuestra patria. Somos víctimas doble de un encierro cuando nos ausentamos; dos veces víctimas de una depresiva soledad que inmoviliza al hombre y le impulsa a luchar contra ella. Sin embargo, ese categórico rechazo a la soledad salva su matrimonio cuando vemos, en su magistralmente bien logrado poema, **Enamorada**, que adopta la voz de su amada para recriminar a la inminente soledad que se avecina, aunque la petición haya sido hecha con elegancia de poeta:

> ¡Oh maldita soledad que a mi alma inquietas!
> Detén tu caminar y tu mirada;
> no quiero que me hieras con tu espada
> aunque vengas disfrazada de poeta.

Para esos mismos días en que el poeta arribó a los fríos hielos de la Nueva Inglaterra, éste que hilvana estas notas, pudo sentir cómo el autoimpuesto encierro ahoga al poeta que se siente desterrado. Como él, sufrí las fuerzas de ambos cuartos -- el pequeño y el grande-- apretándome el alma. Cuando afuera del primer cuartucho oteaba a lo lejos buscando una salida, alguna puerta en el segundo, más enorme se hacía la prisión en la distancia. Ahí es que surge altiva, inconfundible, la "verde luz" guiñándonos en convite hacia sus aguas. Es en esos momentos que se encandila el alma. Fue así que Pedro Juan asió en sus manos el fruto que por años cultivara en su encierro y derribando rejas que impedían su paso, se armó de valentía y subió al pico más alto de su patria a desplegar al mundo el semblante risueño y a veces arrugado de su alma. Hacía muchos años que no sentía el pecho liberado, en paz consigo mismo, con su terruño y su conciencia libre. Imagino a su espíritu que aún vaga complacido entre un mosaico de remembranzas y vivencias mostrando a la humanidad sus *Transparencias*...

Natividad Márquez Pérez es poeta, cuentista, trabajador social y licenciado en leyes. Vivió por varios años en Connecticut y finalmente decidió regresar a su patria, Puerto Rico, en donde reside por muchos años, dedicándose a trabajar desde su bufete, en bien de sus compatriotas. Otros, como el autor de este libro, y su esposa, Carmen Dávila, decidieron trabajar desde afuera, educando en el idioma a los que se ven obligados a emigrar *voluntariamente* de su tierra, en busca de mejores oportunidades de vida.

RECONOCIMIENTOS

Agradezco a todo aquél que de una manera u otra me alentó para que escribiera poesía y la publicara, especialmente a mi amigo, Dr. Luis Gregorio y a mi hermano en la literatura, Juan Matos, dos de mis grandes y fieles pilares dominicanos que siempre me han apoyado en mi devenir literario.

Vaya mi agradecimiento especial a mis amados y nunca olvidados maestros de español en mi pueblo natal y muy especialmente a los profesores de Estudios Hispánicos y Lingüística de la Universidad de Puerto Rico, U. Mass., Amherst, y Worcester State University.

Gracias sobre todo a mi esposa, Carmen Dávila, por su paciencia durante la creación de mi poesía y su infinita comprensión para entender que la poesía no necesariamente tiene que reflejar nuestra vida personal y cotidiana, sino también que la inspiración puede tomarse de las experiencias e ideas ajenas y de ideas que "ocultas viajan" por el universo "derramando estelas" en espera de que algún escritor las recoja y las plasme, ya en la literatura, (poesía, prosa, teatro, etc.) ya en la pintura, la música o el arte, el cine.... o en el habla popular.

Transparencias

Los vaivenes de Cupido

Pedro Dávila

ÍNDICE

Introducción 5
Prefacio 7
Reconocimientos 15
Palabras del autor 21

I love you forever (Dedicatoria) 23
Naturaleza curiosa 25
Fantasía nocturna 27
Mi musa 28
Sueños de adolescente 30
La voz de mi alma 33
Ilusiones de amor niño 35
Ansias 37
Recordándote 39
En tu ausencia 40
Mensaje 41
Tu llamada 42
Amada amistad, amada 43
Tormento 46
En espera 47
Plegaria 48
Perdido 50
Mirándote 52
Celos del alba 57
Porque te amo 58
Playa hermosa es tu sonrisa 61
Amnesia 62
Decisión de amarte 64
Como astro que gravita el universo 66
Perla fina 67
Promesa vitalicia 68
Actitudes 71
Enamorada 72
Amor carente de armonía 73
Busco un sueño 74
Esperanza 76

Paroxismo	78
Me haces falta	79
Brillo en tus ojos	82
Tu fuego de amor	83
En vilo	85
Por honor	88
Por amor te dejo libre	92
Desvarío	95
Orillas contrarias	98
Analogías	103
Reconocimiento	105
Virtuoso amor paciente	106
Sólo tú mi amor silvestre	107
Excusas del fracaso	109
Fracaso enmascarado	111
Niebla en mi aliento	113
Torres destruídas	114
No te equivoques	115
Amada amante	116
Anhelo	118
Aticémosle sentido a nuestro ser	120
Elogio	122
Pesadumbre	123
En el ocaso	124
Lienzo restaurado	126
Heridas y rencores	127
Índice alfabético	129
El autor	131

Palabras del autor

Este libro es una colección de poemas románticos escritos a partir del final del siglo XX (1998) hasta principios del 2017. En ellos recojo parte del fruto estilístico de mis estudios humanísticos aprendidos especialmente en la Escuela Superior Teodoro Aguilar Mora, Universidad de Puerto Rico, Amherst University y Worcester State University, donde estuve expuesto al estudio de grandes escritores de la literatura española e hispanoamericana, así como portuguesa.

Considero la rima, la musicalidad y la unidad temática como los elementos más importantes y esenciales de mi poesía.

Los 62 poemas incluídos comienzan con sueños propios, y a veces ajenos, (a veces observaciones) de adolescencia y pre-matrimoniales, dulces y a veces turbulentos encuentros entre esposos (aunque no estén casados) y finalmente la vendimia y tizones todavía candentes del fuego abrasador del amor y de la vida, vividas u observadas en la segunda adolescencia, la proclamada tercera edad del ser humano.

La mayoría de los poemas fueron inspirados en Worcester, Ma., con excepción de algunos libados ante la flora puertorriqueña y el dedicado a Nize (bella ciudad de Francia), a quien se lo dedico como recuerdo de mi estadía en ella.

Dedicatoria

I love you forever

Cosechas de insomnio

y de observación,

a ti te dedico, amigo lector,

en lucidos lienzos de imaginación;

añeja vendimia de amor de verano,

fijezas de amores, fogosos y osados.

En cada poema somos tú y yo

símbolos de vida, metáfora y flor;

cuerpos de arcoiris de luz sin calor:

cultura sangrante de farsante dios.

"I love you forever", juramos tú y yo

y añejado el vino, el barril sangró.

9 de marzo de 2010

Naturaleza curiosa

Curiosa y aguerrida es la aventura,

de vientos borrascosos retadora;

en días macilentos de verano

el tenso fuego de amores deshoja.

Ocultos viajando por rutas secretas,

curiosos rayos del sol del poniente ,

quebrando nostalgias de la triste noche,

al alba crean con regios diamantes.

Así recrea también el poeta

la oculta imagen de versos calientes

que ocultos viajan derramando estelas.

Ven, diva ardiente, lee y curiosea,

tu gran belleza mi verso enaltece,

e infla tu estima, gloria y fortaleza.

Fantasía nocturna

¡Oh, blanca espuma brillante,

que me ocultas cielo azul!

Alumbradme este hilito,

en mi caña de bambú.

Yo pescar quiero esta noche,

ojos bellos, como tú,

que alegría siempre muestren,

comprensión envuelta en tul.

¡No es un pez, sino una dama…!

Fantasío con tu luz.

Mi musa

(Promesas de adolescente)

Niña bella de ojos negros,

la de frescos arreboles,

la que riega mis pupilas

de dulce paz en colores.

Hueles a tierra mojada,

rosas rojas y laureles,

y a jazmines cuando hay brisa,

a sabor rico de mieles.

Eres mi musa temprana

que alumbra mi pasión verde,

la que activa la memoria

de mis jardines perennes.

Tú habrás de ser en mi vida

jardín perenne de flores,

al que regaré día a día

con bondad de dulce-amores.

    Tendré mi huerto sembrado

de azucenas y claveles,

que recuerden mis promesas

de amarte por siempre, siempre.

    Te juro que en mi camino,

serás mi guía perenne,

alumbrándome la vida,

y endulzándome el destino.

Sueños de adolescente

Cantan albas de alegría

si es que me acerco a mi diosa:

mi amiga de adolescencia

revuelca mis mariposas.

Levanta su frente airosa.

y fuerza mi pecho a latir,

aunque me haga sonreír

torna mi voz defectuosa.

Veo su cuerpo y su cara,

como las flores de abril.

Por eso temo perderla,

es cual mi flor de alhelí.

De día no hablo con ella,

tengo miedo a sucumbir

y un niño amor en la noche,

me envuelve y no puedo dormir.

    Alucinando en mi cama

yo me siento muy feliz

la beso, la abrazo y poseo

su cuerpo, tiesto y jardín.

    Me da caricias y abrazos

me habla de un sueño feliz

juega y voltea conmigo

y gozo mis noches de abril.

    ¡Hay que noche tan fogosa!

¡Ay, qué noche tan bacana!

Perdona,... estoy delirando.

Me despertó la alborada.

Desde mi casa a la escuela,

yo decido conquistarla

mas cuando la veo enmudezco

me alucinan sus palabras.

Me hace perder la cabeza

deliro un futuro feliz,

mejor ya dejo de hablarle,

esbelta viene hacia mí.

Mira cuán bella se viste

mira que bello jardín,

¡Ay, ...volví a estar delirando!

con mi futuro de abril.

La voz de mi alma

Si te sientes sola y triste en la noche

y das siete vueltas sin poder dormir

y escuchas que alguien te habla en silencio,

es la voz de mi alma buscando consuelo,

necesita abrigo, no ignores su voz.

Por ti se desvela, quiere estar contigo,

y busca abrigarte y ser parte de ti.

Los días los pasa deseando tu cuerpo

pues mi amor de noche aumenta por ti.

No ignores que hay cosas que no ves y existen,

hay cosas que existen aunque no las ves,

así es el amor que en mi corazón vive,

así es el amor que siento por ti.

De día deseo estar en tu vida,

saciarte en la noche siendo para ti.

A tus pies me rindo, porque tu presencia

y alegre sonrisa me hacen muy feliz.

Si una voz muy dulce seduce tus sueños,

disfruta sus besos, pues son para ti,

es la voz de mi alma que anida en tu pecho

y su amor te brinda para ser feliz.

Ilusiones de amor niño

Entra el sol por mi ventana,

alumbrando los recuerdos,

ilusiones de amor niño

y adolescentes ensueños.

Meciendo amores, mi hamaca,

durmió al miedo y lo tomó preso

cuando en tu media sonrisa

vi tu amor al descubierto.

¡Ahh! ya no pudo contenerse

el casto amor en mi pecho

y en besos de piel rosada

bajó al cáliz de tu cuerpo,

rozando tus tiernos labios,

tan tibios como tus senos.

Incitaba, transparente

la lava ardiente en tu cesto,

puro, grato y palpitante,

voluptuoso y sin gobierno.

¡Ahh!, sus lindes susurraban

su pasión y su deseo,

mas no pudo desbordarse,

nuestra gloria fue tormento

porque oyó voces ajenas.

La razón vendó al deseo

que sin nieblas esparcía

la hermosa piel de tu cuerpo.

    Cegó la tela la vista

que acariciaba tu tiesto;

cubriendo el traje al deleite,

a mi pasión y a tu deseo,

que a mi cuerpo calcinaban

y de amor estaban hechos.

Ansias

Quiero ser viento de playa y ola fresca de la mar;

en el bosque, pajarito,

en las tapias, ventanal,

en mi casa, amplia puerta,

en la ajena, no habitar;

del ambiente el aire puro,

nunca piedra de pisar;

luz eterna en este mundo

y a la sombra liberar.

Quiero ser llovizna fresca

y entre niebla eternizar

un reflejo de luz pura

como brillo de cristal,

y cayendo entre las piedras,

sonriente catarata

que recrea ingrato ruido

en sinfonía musical;

y si ola en tibia arena,

con un baño voluptuoso,

refrescar tu cuerpo hermoso

rodeado de palmeras

que abaniquen nuestros cuerpos

con el aire tropical.

Recordándote

En el río sonoro del recuerdo,

fluye tierna y reluciente tu mirada

y abrazando a mis pupilas, inocente,

besa con su brillo sonriente

las alcobas ya vacías de mi alma,

que en espera de un amor no disfrutado

ya sublima su inquietud, ya su tristeza,

y acaricia con su hermosa fantasía

los albores relucientes de tu cara.

En tu ausencia

El azul lago de mi pensamiento

quisiera repetir el dulce encanto,

que siento al abrigarme con tu manto

de amor que en ti deslumbra y es intenso.

Si el norte te provoca llanto denso.

y aumenta el frío helado tus quebrantos,

regresate a mi lado en risa o llanto;

cultivo para ti cariño inmenso.

El manto de tu amor me cubre el alma.

El bien, por tu oración, en mi florece.

Por él mi soledad es bienandanza,

por él mi rostro alegre resplandece,

y es verte día a día mi esperanza ,

pues quiero acompañarte hasta la muerte.

Mensaje

¡Ola blanca,

crujiente espuma de la mar!...

Acaríciame mi espalda

y vuelve presto tus ojitos tamboriles a sonar,

¡pero más fuerte!

que te oigan los marinos de muy lejos

y la niña amada allende al mar,

¡luz de mi frente!...

que cansada de esperar a mis antojos,

olvidarme aún no puede y por amor

abnegada renuncia a sus placeres.

Llévale en sonidos mi esperanza,

dile que no desmaye en su esperar,

que la quiero, que la quise

y que siempre he de quererla,

¡y no olvido un solo día

el delicioso placer de su mirar!

Tu llamada

Vibra en febriles ondas mi chirriante celular

y sagaz, su gracia singular,

impregna en mis oídos

gratos sorbos de ilusoria paz

que alegre hacen vibrar

el amor que abrigan mis sentidos.

¡Oh, cuán dichoso el albanero despertar,

aun cuando apenas del alba, su cristal

rompe de la ingrata noche con afán

su incómodo ronquido.

¡Ah, dichosa el aura que al rayar la aurora,

mansa escucha la esperada vibración

de un amor que quiere estar contigo!

¡Oh, elixir de alborozo y de placer,

paleativo del nervioso acontecer

que crea angustias y delirios!

Amada amistad, amada

Hoy sentí tus huellas en la arena de la playa

y el murmullo de los vientos del Caribe

jugueteando, ilusionados, con tu falda.

Hoy sentí la lluvia que caía en carcajadas,

pues pensó que yo pensé que tú me amabas.

¡Ah! su corriente se rió de buena gana,

pues palpó con su humedad

tu gran amor purificado

con la franca honestidad de tus palabras,

que afirmaron una tarde, en un bar frente a la playa,

que hombre ajeno no te llena,

no te toca, ni te alcanza,

pues no aceptas la ocasión de hacer sufrir

a los seres inocentes que lo aman,

que no has visto, ni escuchado

y lo esperan, inocentes, en su casa.

Esa tarde vi la voz de angustia de tu voz

naufragando en el dolor de haber perdido a quien amabas,

y ofrecí mi honesto afán de darte calma.

Esta noche,

extasiado en el recuerdo de tu voz y tu mirada,

recordando aquella tarde de los sueños malogrados

de tu alma y de mi alma,

volví al bar de aquella tarde de franqueza y de confianza

y sentí miedo.

Sentí miedo de que fueran enemigas las bondades

transparentes de amistad que en esa tarde se juntaban.

Sentí miedo de perder la luz honesta y

transparente

que despliegas cuando hablas.

Sentí miedo de que escondas ilusiones de

pasión desenfrenada

y apetitos ilusorios de alegría en nuev estancia.

Sentí miedo de que abrigues ansiedades y

esperanzas

de embarcar hacia otras tierras

navegando por océanos de plata,

y decidas naufragar en empleos de cruceros

sin destinos de regreso hacia tu casa.

    Esta noche, cual la tarde entretenida

de aquel bar frente a la playa,

impregnado de tu amor purificado

por la franca honestidad de tus palabras,

volví a ver la transparencia e intensidad

en el amor que tú derramas.

    Esta noche maté al miedo de perder

    una amistad

    pues comprendí que aun frente a un adiós,

serás mi amada.

Tormento

En el azul rosado de un recuerdo,

tenue sonrisa iluminó tu cara,

de esmeralda vestía tu mirada,

de azabache sensual tu pelo negro.

Dulce piel que ayer fuera mi alimento,

miel tostada en la angustia de no verte,

desquiciados mis brazos por tenerte,

y en espera mis labios en desierto.

En trenzado sueño te persigo.

vulcaneando un ensueño voluptuoso.

Desahuciados mis nervios son testigos,

de mi noche en alborada sin reposo.

Dulce bien, anhelando estar contigo,

lo rezo, lo trabajo y no lo logro.

En espera

He perdido la esperanza de poder acariciar

tu sonrisa, tus perfumes y tus sueños

y la flor de tu mirar.

¡Cuántas lunas, cuántas noches,

desvelado en tu pensar!

Dime, alma, si algún día, bien tranquila

o desvelada,

en tus penas o alegrías

has pensado en regresar.

Miro cielo, mar y tierra

veo en ellos tu pesar.

¿Qué haces tú en lontananza, qué haces tú allende al mar?

Escindidos por el tiempo, la distancia y tu esperar….

¡Siempre sueño tu llegada

y me abate tu penar

Plegaria

Ya perdida la ilusión de estar en ti

siembro perlas negras en el aura transparente de

mis versos,

en mis tardes de alborozo, de erotismo y de

recuerdos,

en las noches de deseo y de tormento,

pues mi cuerpo te desea sobre el lecho

y no te encuentro.

Ya perdida la ilusión de estar en ti

se marchitan las caricias libinosas

que palpitan en las yemas de mis dedos

deseando tus caricias y tormentos;

se encandilan los ardores del recuerdo si te

pienso,

se desbordan en mi friza tibiecitos aguaceros.

Ya perdida la ilusión de estar en ti,

se derrumban desmayadas ilusiones y deseos

por tu tiesto,

se diluyen esfumándose en el aire

mis cuidados y mis besos.

Perdido

*(poema gemelo de **Plegaria**)*

Hoy me siento, como ayer, perdido y triste,

como antaño sin abrigo y sin aliento.

Hoy me siento sin un faro en mi camino soñoliento

y en espera del amor puro y sincero.

Hoy la yema de mis dedos no disfrutan

su alegría.

Hoy la yema de mis dedos no disfrutan de consuelo.

Hoy mis ojos distorsionan la belleza

y mis sienes la ambición de sus revuelos.

Hoy mi boca ya no encuentra la alegría en su

sustento.

Hoy mis soles y motivos de vivir parecen muertos.

Ya mi cuerpo anda perdido sin su norte,

pues no muestras nuevas ansias positivas por lo nuestro.

Ven, devuelve las cadenas de erotismo a mi cerebro.

Ven, rescata lo perdido y arrastrado por el viento.

Ven y dame la razón para vivir y que no encuentro.

Mirándote

¿Que por qué te miro así?

¿Cómo más podría mirarte, si el mirarte me entretiene,...

      si me gustas y me excitas

    y rabiando del deseo,

        de abrazarte y de apretarte,

        de besarte y de mimarte,

        de tenerte y toda mía,...

            y para el resto de mi vida,

            con el goce y las caricias

                disfrutar y estimularte

                y que fluyan en tu cuerpo,

            en secreto y contra todos,

            las pasiones interiores?...

¿Y ante prístinos deseos,...

        ¿Tengo que contenerme?

            ¿y soportar... y no llamar...,

y no verte y no tenerte,

no abrazarte..., no apretarte,

no besarte..., ni mirarte

ni tenerte y toda mía...

en el lecho acariciarte?

¿Cómo más podría mirarte,

si el deseo se me sale

por los poros

por las venas,

por las manos,

por los ojos...

si al mirarte te hago mía,

sólo mía,... aunque me engañe?

¿Cómo más podría mirarte

si me excitas y entretienes,

y provocas en mi cuerpo

mil purísimos desdenes,

y me pides y me exiges que me guarde mis quereres…?

…y soportar y no llamar…, y no verte y no tenerte,

no abrazarte, no apretarte,

ni besarte, ni mirarte,

ni tenerte y toda mía…

¿Cómo más podría mirarte,

si de lejos tengo poco

y de cerca tú me dices:

"Ten cuidado, no seas loco,

no me toques, no nos vean

que en la lengua nos critican…, nos enlían, nos enredan;

sólo amigos quedaremos,

sólo amigos, como antes."

¿Cómo más podría mirarte

si es preciso contenerme;

si es forzoso conformarme

con tu imagen en mi mente…

y soportar y no llamar… y no verte y no tenerte,

no abrazarte, ni apretarte

y no besarte ni mimarte,

ni tenerte y toda mía…

sólo mía y siempre mía

para el resto de mi vida…?

Dime amiga, sólo amiga...

¿Cómo logras inspirarme

en el día y en la noche

y con el más secreto gesto,

el deseo turbulento

y la pasión consumidora,

día a día controlarme…?

…y soportar y no llamar…

y no verte y no tenerte,

no abrazarte, ni apretarte,

ni besarte, ni mimarte,

y toda mía, para el resto de mi vida…

¡a la gloria transportarte!

Celos del alba

De tu belleza el alba enamorada,

celosa regateaba con la luna;

quejosa de su suerte y su fortuna,

pedía que tú fueras recreada.

Consentida, se siente desplazada,

si un poeta elogia tu hermosura;

sus colores envidian tu figura,

y tu esplendor avasalla su alborada.

Sus colores se afligen con tu imagen,

pues no importa el esfuerzo que realiza,

inflándole el color a su ropaje.

Si el tiempo su primor escandaliza,

Se arruga el esplendor de tu ropaje,

mas su encanto carece de tu risa.

Porque te amo

Te deseo un alma pura,

pura cual recién nacido,

y el valor de un astronauta,

defendiendo a un buen amigo;

puro amor sin interés,

sana fe y sin egoísmo,

gran tesón en tus creencias,

determinación de aguerrido.

Que muestres siempre entusiasmo

y sensibilidad de poeta,

enérgica luz de alba

puro pensar positivo;

que el entusiasmo guíe tu mente,

que el temor no sea tu amigo,

que practiques caridad

que el mundo entero sea testigo;

que muestres mucha alegría,

cual la inocencia de un niño

que no sabe de maldad

ni tampoco se ha caído;

que te bañes en bondad

día a día en tu camino

y te acompañe el amor

para aliviar al vencido,

Quiero lo mejor para tí:

gloria y honor ante el mundo,

templanza, paciencia y salud,

prosperidad y sapiencia,

angelical dulce voz,

gran carisma y buen humor,

mucha humildad y riqueza…

¡belleza en todo sentido!

Playa hermosa es tu sonrisa

    Imagino ser tu risa, fina playa,

en que acuesto mis placeres, cual toalla,

tibia luz en la mañana, tu alegría,

fresca ola, tu voz tierna, brisa grata.

    Voy calmando en la toalla ingratas ansias,

viril ciclópea fuerza me arrebata,

fuerte afán de poseerte se desata

y acrecienta gran pasión bajo mi bata.

    Construyendo van mis manos un castillo

de robustas paredes y almenares,

un gran trono poderoso, aunque sencillo,

    tú, mi reina entre riquezas y manjares,

yo, tu rey, reluciendo por tu brillo

y un bufón regalándonos placeres.

Amnesia

Recordándote olvidé lo acontecido.

No recuerdo si eras gruesa o eras flaca,

si eras linda, si eras fea o eras chata,

o si en lucha pasajera

me ofendiste con tu lata.

Hoy me ciega y causa amnesia recordar

la fogosa alteración

de tu pecho voluptuoso,

tus gemidos ardorosos y el sonoro susurrar

de tu aliento sudoroso.

Tu silueta celestial,

y tus labios y mis besos,

en tu seno abrasador,

se hacen cachas en hoguera que me quema;

y tus glúteos en volcán

con su ardiente evolución

van volcando, en plena zafra, blanca lava,

entre gritos de placer y

gemidos de tu cama,

mientras sudas el amor

exigiendo entre mis brazos más labranza.

Decisión de amarte

Porque siento que tus ojos siempre engendran

en mi ser tierna alegría,

he decidido amarte.

Porque tienes unos labios relucientes

con un toque abrasador, exclusivo para para mí,

he decidido amarte.

Porque he visto una bondad muy afable y cariñosa

en el amor que en tí desfila,

he decidido amarte.

Porque escucho tus palabras amasando suave paz

ante la pugna y la guerrilla,

porque obras optimista, confiada y cautelosa

desplazando tus sandalias

en calzadas progresistas,

he decidido amarte.

Porque abres verde luz al horizonte del hermano

a quien ayudas con tu alma rebosante de alegría,

he decidido amarte.

Porque envías tiernamente suaves auras a mi oído,

y me amas aun con todas mis flaquezas y apatía,

he decidido amarte.

Porque amar de corazón se decide

con la mente y voluntad

en un acto de valor y de osadía,

he decidido amarte.

Porque aun ante el disgusto y las tragedias

del amor,

es más fácil ser feliz con el perdón,

he decidido amarte.

Como astro que gravita el universo

Dando vueltas junto al aura del recuerdo,

entrampada en una órbita nefasta,

va mi mente gravitando ante tu cuerpo

cual los astros orbitando el universo.

Majestuosa, tu figura, entre mis brumas,

son tus labios, filigrana, que estremece,

son tus ojos, bella estrella en que me amparo,

y tu voz, rosada brisa que enaltece.

¡Qué me importa del pasado tu figura,

si no puedo de mi vida desprenderme

los recuerdos de tus labios y tu frente y

la costumbre de que orbites mi memoria,

pues confundo tu presencia con los halos

que dan vida al universo en cada aurora.

Perla fina

Anhelando parecer, tú, perla fina,

te perfumas y maquillas con esmero

y tus ojos de contacto son luceros

que resaltan tus aretes, tus peinados, tus mejillas.

Los atuendos siempre vistes muy costosos

con las marcas más famosas de la moda,

combinando toda pieza sin demora

diseñada por artistas muy famosos.

Sin embargo poco importa la belleza

de tus uñas, de tu atuendo, de tu rostro

o tus prendas tan brillantes como el hielo.

Es tu alma bondadosa y tu entereza

lo que atrae mi pasión hacia tu cielo

pues despiertas la alegría en mi tristeza.

Promesa vitalicia

(A mi amada esposa)

Ayer te conocí en el verano de la vida

sin que aún las verdes hojas de tu prístina existencia

se tornaran amarillas.

Abrí mis ojos a la luz de tenues rayos

que me enviaban tus pupilas

reclamando un leve toque de amistad

que por siempre uniera nuestras vidas.

Al instante retraté tu reclamo ilusionado, en mis retinas...

y sentí por vez primera el sorbo de tu amor

entrando en mis entrañas,

con alas de colores e ilusión de mariposas,

que juegan en mi cuerpo y en mi alma cuales

diosas;

y fue pronto mi deambular junto a tu vida,

albores de pasión y dulce amor de hermosa calma.

rico jardín de rosas consentidas, rojas,

blancas y amarillas,

Hoy disfruto tu mirar, tu voz de paz

y el susurrar de tu sonrisa

y no concibo el caminar sin tu presencia

o tu partida.

Hoy disfruto como ayer la pasión candente

entre mis labios,

abiertos, palpitantes, voluptuosos…

y te brindo lo mejor de mis entrañas,

de mi mente y mis cuidados.

Hoy te brindo como ayer mis rosas rojas

que al eterno amar sin descansar están jugando,

porque ya nuestro amor no es de papel,

ni madera, ni de estaño,

y seguro gozaremos el de plata,

y el de oro y de diamantes, ya mañana,

porque así lo quiso Dios desde hace años

y lo sigue reiterando nuestra casa a cada instante,

la razón, mi voluntad y nuestras almas.

Actitudes

Al rocío matutino de tu rostro el alba alumbra

deslizándose un diamante en tu mejilla,

mientras buscas excitar mi cuerpo inerte

porque sueñas despertar sobre mis labios

la esperanza de volver a la armonía;

y yo siento mi reloj despertador llorar en vano,

clamando a mi pereza despertar ante la vida,

pues le niego a mi coraza matutina

saludar a la mañana sonriente.

Y así, en tanto que yo escucho mi dolor gemir callando,

recomienzo a acurrucar mi inmensa pena,

mirando mansamente tu alegría,

mientras ríes y comienzas inocente,

la alegría y el placer del nuevo día.

Enamorada

(Discurso de viejos temores)

¡Oh, maldita soledad que a mi alma inquietas,

detén tu caminar y tu mirada!

Yo no quiero que me hieras con tu espada

aunque vengas disfrazada de poeta.

No pretendo ser jamás tu compañera,

aún de noche yo a su lado encuentro vida.

Es mi vida placentera, aunque sufrida,

su perfume aún me embriaga y me enamora.

Siento el viento murmurando sus canciones,

su presencia es la alborada de mi vida.

No me importa calcinar mis sinsabores,

y prefiero su desdén y ser vejada

a un divorcio que ocasiona más heridas,

¡Ay, no cortes mi ilusión de enamorada!

Amor carente de armonía

Dormita mi amor por ti, estrella vespertina,

aunque aún muestras en tu rostro reluciente,

la ilusión que en primavera compartías,

y cultivas con esmero recurrente

la memoria de tu dicha ya perdida.

Tú pretendes ser el sol, y nunca luna,

insistiendo en alumbrarme todo el día,

y si luna en camuflaje te simulas,

tú pretendes ser el centro y nunca orilla ,

Demandando que te rinda pleitesías,

tú colocas a mi afecto en agonía

y si ya no hay erotismo en su morada,

pues se niega a dar calor en el invierno,

ya de día, ya de noche o en la alborada,

no me culpes del derroche de tu fuego,

culpa sólo a la agonía del cupido de mi afecto,

pues perdida la armonía de su cuerpo,

ha perdido, de su amor, la iniciativa.

Busco un sueño
A Niza

Busco un sueño y no lo encuentro
en las redes renacientes de un adiós
porque dices que te vas y no te has ido
y tu perfume siempre busca mi pasión.
Otros labios, otros brazos abren alas a mi sino,
y el anillo, sin comienzo de tu voz me dice adiós,
mas no encuentra la salida prometida,
confundido no haya fin a su dolor.
Con aromas, tu voz mansa, va curando sus heridas
mas tú ves que no hay mortaja en mi rencor,
malogrando despertar nuevas pasiones,
que permitan a mi voz libar amor.
Vete al mar, vete a la playa o vete al río
o en olvido, vete a darte un chapuzón,
pues las aguas bautizadas con olvido
dan alivio y apacientan todo líbido de amor.

Por mi parte, no lo dudes, voy buscando,

nuevos rumbos y alicientes a mi adiós

que reemplacen el vacío que dejaste,

y me provean nuevas auras de ilusión.

Esperanza

(A Carmen)

Solos… quince abriles

hoy te esperan en tu casa.

Lo demás sólo un vacío,

aunque esté llena tu estancia.

Muebles finos, ricas joyas

y perfumes no te faltan,

pero sí quien te acurruque,

con tu angustia entre sus alas.

Observé que un concierto,

entre mil hispanas caras,

un poeta acompañante,

con poemas de esperanza,

dando luz a tus penumbras,

bailarines y bongoses

y al repique timbalero,

filtró ritmo en tus entrañas,

Y aunque extraño ese poeta

y sus versos de esperanza,

algo indica que sus rimas,

con su voz y su presencia,

climatizan a tu alma.

Paroxismo

De alegría en la penumbra de un teatro,

extasiadas por amor al pentagrama,

aturdidas por tu talle y tu palabra,

por tu dulce compañía y candidez de tus entrañas,

por tu piel y tu sonrisa en esa noche siempre amada,

y embriagadas de esperanza

en nuevo amor y bienandanza.

deseosas de ser libres para unirse con las tuyas,

con tu chispa, con tu ingenio y con tu gracia,

con la lumbre que en la noche esparcía tu belleza,

con el fuego y el donaire que le infundes a mi alma,

mis pupilas delirantes de afección te contemplaban.

Me haces falta

Siento todavía la emoción de estar contigo,

abrazadas tus pupilas a las mías

en abstraído atardecer,

embebidos nuestros cuerpos

en la salsa y los timbales,

embonados con los ritmos armoniosos

de la rumba y la penumbra,

y la esperanza de una noche libinosa,

rebozada en los destellos de un feliz amanecer.

Sentí miedo aquella noche de perder tu lozanía

y el supor que, despertando

los caprichos del deseo,

tu perfume sembró en mí;

sentí miedo de rumbiar sensuales dichas

de lujuria entre tus brazos,

en la danza palpitante del amor que duerme en tí.

Alumbrada, la penumbra en la sonrisa de tus ojos,

con antojos ensanchados dialogué,

pero luego los timbales anunciaron su partida,

y el encanto de la noche, con tu afable despedida,

esfumándose, intranquilo, se me fue.

Siento ansias de reencontrarte,

siento antojos de volverte a cortejar,

de trocar viejos pesares que te abruman,

en caricias y deseos que te agraden,

y enroscarme en el aliento primoroso

del perfume que en tu cuerpo

yo quisiera acariciar.

Hoy te sueño y te alabo y te bendigo,

y persigo la ilusión de estar en tí,

en tus labios, en tu aliento y en tu tiesto,

abrigado en la tibieza de mi afán de ser feliz.

Brillo en tus ojos

Ese brillo humedecido que pasea por tus ojos

y encarcela tu sonrisa,

no es jovial felicidad;

es silente catarata suspendida en los recuerdos

y que ansías apagar.

Rompe el levi de tus ojos, tu dolor deja escapar,

que del río que represas en tu pecho,

dulce lago de agua fresca brotará,

mas será de rosas rojas incrustadas con diamantes,

entre lirios de atenciones,

que mi amor producirá.

Tu fuego de amor

Una tarde alegre, de un otoño frío,

te vi en una mesa donde estaba yo.

Tenías lo tuyo, yo también lo mío,

pero tu mirada fue aurora de amor.

Teníamos pareja y disimulamos,

pero un fuego ardiente nació entre los dos

porque tu sonrisa cual bella alborada

fundió nuestras mentes en fuego y pasión.

Pasaron los días sin volver a vernos,

pasaron los meses sin saber de ti,

pero fue imposible sofocar las llamas

hijas del recuerdo que reside en mí.

Pensando de noche siempre me desvelo

y en mi cama sueño caricias sin fin

que besan mi cuerpo y llenan mi mente

de horizontes albos y un sino feliz.

      Siento tu sonrisa cual el sol de oriente,

que alumbra el camino para yo vivir,

pues me da alegría avivando sueños,

de ser cuanto antes cual la sangre en ti.

En vilo

Te vi vulnerable flor de primavera,

cortada en otoño, cuando no querías,

bañados tus ojos de penar latente,

clamándole a los míos que te comprendieran.

Hilé gratos sueños de un amor profundo

e inhalé el perfume fraguado en tu cuerpo,

buscando aventuras como un solterito,

con pasión rastrera de un ardiente líbido,

mas sentí al instante un amargo peso

de un error maduro remando contrito

en oscuras aguas de un consciente turbio.

Corrió por mi mente el temor transido,

de juntar mis pasos a tu amor herido,

casi ya sanado con la blanda niebla

que alivió a tu alma cultivando olvido.

Soledad esquiva nutría tu pena,

y húmedas pupilas cebaban serenas

creciente esperanza de encontrar un día

un nuevo jacinto que en su brillo viera,

no un llanto salado, mas dulce agua quieta,

que cebar quisiera sus hojas y tallo

en el agua mansa cual tu voz de espera.

    Crueldad inmadura, deshojar sería,

pensé contemplando tu rostro lozano,

la esperanza nueva en una flor herida.

    Aunque ser tu jacinto fue mi luz primera,

decidí fraguarla en mundanal poesía,

sin abrir la grieta de tu amor sangrante

y con paso firme desandé al instante

mi embriaguez de sueños de un amor tunante.

    Regar quise luego tu liviana sombra

con luz de distancia y lluvia de olvido,

y me alejé del predio de tu compañía

dejándote flores pasadas de tiempo,

huellas nunca muertas de mi amor sincero

que siguen clamando desde lontananza

la miel y el sabor de tu voz de azúcar

con sus dulces notas llenas de armonía.

    En calles y puentes puse hielo frío

por días y meses, semanas y años,

mas nunca he logrado que el intenso frío

apague este fuego que existe en mi mente

y un volcán inmenso espera en mi pecho

despertar de nuevo en este jacinto,

tus ansias latentes y viejas pasiones

que en espera duermen en tu amor transido.

Por honor

    Estás deprimida

porque no te escribo

y ya no te digo

que tu eres mi vida,

que eres mi salida

y mi único amor,

pero con dolor

dejé de adorarte.

Ya no he de buscarte,

lo hago por honor.

    Es por interés

que sé que me buscas

me causas angustia,

pero no lo no ves.

Decídete pues,

busca un nuevo amor

que trueque el dolor

en honra y dinero,

pues ya no te quiero,

lo hago por honor.

En un mapeyé

me expreso cantando

y así te voy dando

lo que ayer no hallé,

pero ya encontré

mi orgullo perdido

porque ya tu nido

perdió todo encanto.

Hoy lloro y te canto,

lo hago por honor.

Cuando el interés

es el gran motivo

para tener vivo

un amor de ayer,

hay que proceder,

aún con dolor,

a darle limpiol,

cortando amistad

y aunque en soledad,

lo hago por honor.

   Si sólo me amas

porque te regalo,

le pongo candado

a lo que reclamas.

Le daré a otra dama

todo mi candor

si me de su amor

purito y sincero,

pues ya no te quiero,

lo hago por honor.

Si por celos mueres

sin tener razón,

mi gran corazón

desprecia si quieres;

pronto otros quereres

me darán calor

y sincero amor,

no por interés.

Lo siento, ya ves,

lo hago por honor.

Por amor te dejo libre

Frente al Morro y sus paredes,

en la ciudad de San Juan,

mil testigos hay silentes

de una pasión ante el mar.

    Junto a ellos las gaviotas

posaron sus largos remos

sobre techos inocentes

de vetustos aposentos.

    Escucharon nuestra plática

de portentosos cimientos,

abrazos de piel canela y

promesas de amor eterno:

    "siempre serás mi adorada,

la cuna de mis ensueños,

y jamás segunda pieza,

mi sostén y mi sustento.

Tu amor será enternecido

con suaves auras de voz

nacidas entre sonrisas

y besos con luz de Dios".

Allí mismo me dijiste,

en madrigal de pasión,

que a los años atarías

el amor entre tú y yo.

Acurrucada y segura,

hablando con gran tesón,

juraste que apartarías

a Soledad de entre tú y yo.

Sin embargo a mi alegría

has logrado deportar,

olvidando tus promesas

que sembraste junto al mar.

      Te olvidaste de los besos,

y de Dios, su suave voz,

cultivando una maleza

con espinas de dolor.

      Otro Morro sin paredes

me ha venido a rescatar;

sin murallas ni bastiones,

ni bravas olas de mar.

      Recordando mi pasado

viviré sólo sin ti.

Por amor te dejo libre

aunque nunca sea feliz.

Desvarío

Reclamando nieve,

aún en pleno estío

voy sembrando hielo y

cosechando frío,

para ver si logro,

borrar de mi mente

tu cuerpo y sonrisa,

tu voz y tus ojos,

que a diario me siguen,

que a diario respiro.

Como velo negro,

voy tendiendo espacio

que sirva de noche,

que sirva de olvido,

pero es todo falso:

la noche y el hielo,

la nieve y olvido

y de distancia el hielo

que voy esparciendo

para defenderme

de un volcán que quema

y espera con ansias

tu amor distanciado

y de pasión candente,

pues teme a la angustia

de amar sin tenerte,

por haber sembrado,

distancias y hielo,

cuando tú quisiste,

unir nuestros cuerpos

y en las noches frías

calcinar mi frío.

Orillas contrarias

Un brillo muy triste

develan tus ojos,

salobre neblina y

gotas lisonjeras,

porque tú no aceptas

que hay ante tus ojos

un enorme cuerpo

de aguas turbulentas

cavando un abismo

entre nuestras metas,

de ideas opuestas,

de orillas soberbias.

Son dos alas largas,

estrechas riberas,

vueltas de la vida,

rutas traicioneras.

una es blanda tierra,

donde tú caminas,

la otra ígnea arena,

mi angosta avenida.

    Vagando en mi orilla

contemplo mis pasos

y observo mis huellas

de viejos zapatos:

corajes y angustias,

triunfos y fracasos,

mi voz e ilusiones

y hasta desencantos.

Mirando hacia un cielo

de límites amplios,

voy curando errores

que nunca han sanado.

    Trabajo mi orilla

fraguándome un sino,

mientras tú me atajas

irguiendo paredes

por miedos atroces

a nuevos caminos.

Tú ves a un Quijote

que reta gigantes,

mas yo veo a Sancho,

frenando a un guerrero

y advierte peligross

porque ve molinos:

guerrero optimista;

avestruz en peligro.

Tu discurso impide

unir los caminos,

pues son paradojas

de antiguas simientes:

una es insegura

y muy dominante,

la otra, optimista,

sin ser opresora.

Son turbios dialectos

de filosofías,

y acciones contrarias

sin felices días.

Cultivar un sino

con gran osadía

de triunfos grandiosos

de luchas y risas,

abriendo caminos,

fue mi sueño un día,

y cultivar un fuego

con pasión demente

en tus labios tiernos

y en tu tiesto ardiente,

mas todo es en vano,

pues es mi vendimia

la adversa fragancia,

que habita en tu pecho,

de aciaga sensura

y opuestas palabras,

que crea entre ambos

la enorme distancia

de un horrible abismo

y orillas contrarias.

Analogías

Es tu amor sólo interés protegido con desvelo,

tus reclamos sólo celos que apuñalan tus entrañas.

Es tu voz a mis pasiones, la mentira enamorada,

tus deseos y promesas, la lujuria sin mañana;

sensual beso es tu aliento que devora mis entrañas,

mis recuerdos, las cenizas que enamoran a mi alma.

Paradoja tu pensar y accionar en vida diaria,

aunque logras comprensión enturbiando mi razón

en mi mente y mi palabra.

Tú no escuchas, yo te escucho; no comprendes, te comprendo.

Tú me engañas, no te engaño,… te soy fiel y te pretendo.

Tú me usas, no te uso; no me ayudas, mas te ayudo,

no me amas, me haces daño; te protejo, pues te amo ,

Lo que pido, me lo niegas; si me pides, te complazco.

Me abandonas, no me sigues; yo te busco, yo te extraño.

Si de amor buscas más pruebas, ¿qué más quieres que yo haga?

¡Mi pasión no es interés, aunque vuelcas mi morada!

Reconocimiento

A Carmen

Tu amor es una grata enredadera

que puebla mis entrañas con albores,

y danzan en destellos de arreboles,

mutándome el invierno en primavera.

Animas todo espacio en mis riberas

con ritmos apacibles de esplendores

tú infundes a mi vida mil ardores

de olas seductoras en cadena.

Si noches fueron antes mis auroras,

en días tenebrosos por mis brumas,

bendigo la paciencia que atesoras,

tratando el mal humor cual las espumas:

si el mar las encabrita entre sus olas.

sus playas no se irritan con ninguna.

Virtuoso amor paciente

Transparente y soberana en mi presencia vive tu alma.

Trasparencia hay en tu pecho,

en tus ojos y en tu voz

aun cuando callas.

Es tu historia la memoria cristalina de una santa,

desplegando tu amor puro y fortaleza,

aun burlada por las rosas y perfumes de gardenias.

Cual la noche ante la lumbre reluciente de la aurora,

tú desnudas tu alma clara y tu belleza

manteniendo tu prestigio en su envoltura,

tu valor, tu pureza y tu entereza,

aun sufriendo amargamente y sin razón vituperada.

Sólo tú, mi flor silvestre

Marchitándose una rosa mi miró pidiendo ayuda,

sin espinas tenía el tallo y su perfume me roció.

Entre otras relucientes que la luz embellecía

y esparcían su perfume, sólo una me tocó.

Pedía abono y agua fresca y olvidarte me exigía

y sus ojos seductores confundieron mi razón.

Quise usar la regadera ejerciendo mi amor libre

y con la yema de mis dedos de caricias la colmé.

Luego un éxtasis divino inundó todo mi cuerpo,

y vi tus senos y tu tiesto inundados de pasión.

Comencé a sentir tus manos y chupé loco sus labios

y mojado y sin sentido sentí un chorro celestial.

Sólo así rociarla pude, fue imposible complacerla.

Como no pude olvidarte tuve que pensar en ti.

Entre tantas rosas rojas, nardos lirios y claveles,

sólo tú, mi flor silvestre puedes despertar en mí

esta líbido tan fuerte que engrandece mi existencia

y me hace muy feliz.

Excusas del fracaso

(Ante un fracaso mutuo)

Si en la negra noche tus ojos derrochan

lágrimas descalzas,

pues piensas que una piel lejana,

reclama mi fuego,

y ves que mis manos no encuentran la tuya,

no me pelees y menos reclames que compraste un día

mis promesas falsas.

Es que tu azul flama cambió amarilla

y cuando me besa, ya no me abrasa;

y mi mente anda en nubes y brumas

paseando silente

porque no me escuchas, aunque siempre me hablas.

Tus viejos prejuicios, tus vanas protestas

y agrias descargas

de puros reclamos y exigencias parcas,

poblaron mis días

de locas mentiras, insanas cosechas

y amargas fragancias,

y el azul destino con líbido ardiente

de sensuales zafras que yo ambicionaba ,

se tornó en paredes y oscuros abismos,

sembrando distancias sin pasión ni gracia..

Fracaso enmascarado

Si de mi fuego, ya ni cenizas, tu cuerpo alcanza,

si mi sonrisa en tu alegre risa ya no se baña,

si sólo nos une una gran distancia que ya tiene canas,

y la noche grita con largos silencios,

que ya no me inspiras ni pasión ni gracia,

si ya no te abrigo, ni encuentro

la gruta del amor que abrasa,

pero no registras que en tu mente habita negación nefasta,

no te lamentes, ni menos reclames

que vendí a buen precio, un amor "for ever",

de promesas falsas.

Sabes que hace tiempo, que parece un siglo,

se apartó mi vista del azul destino

que tú me inspirabas .

Las sendas mentiras, continuos chantajes,

control enfermizo que me regalabas,

las vanas protestas, los diarios regaños de áspero temple,

movidos por celos y largas descargas,

poblaron mis días de una gruesa angustia,

que a diario impedía,

sentir la alegría de una feliz vida bajo tus dos alas.

La pasión vehemente que en ti yo buscaba

en tus rojos labios de sensuales zafras,

de tierno cariño y caliente flama,

se tornó amarilla, entre frías brasas

y mató mi sonrisa, mi amor y esperanza

y mis sueños dorados de inflamadas ansias.

Niebla en mi aliento

Se puso la niebla en mis ojos

cual la bruma que aflige la tarde,

como ha de afligirse mi aliento

porque siento que ya no me quieres.

Se ha puesto la noche en tus sienes,

pura bruma que esquiva el deseo,

pues te enfría el calor de mis besos

y te nubla el sentir que aún te quiero.

Al ver la niebla en tus ojos

que me indica que ya no me quieres,

se viste de noche mi mente,

se enturbia la luz de mis sienes.

Ven mi bien a irradiar mi camino,

con amor pon ternura en mis dedos,

y aunque falte la luz a mis ojos,

con pasión vulcaniza mi cuerpo.

Torres destruídas

(A un amigo: El amor y el interés

se fueron al campo un día...)

Fuiste mi torre gemela y apreciada,

condominio de ambiciosa fantasía

y el negocio que a la par nos envolvía,

conveniencia de amistad muy apreciada.

Hipoteca por amor casi olvidada,

construída amistad de cofradía,

calcetines de dos pies en armonía

ya en tornados, huracanes o vaguadas.

Un buen día vi en tu cara otro Pilatos,

contra mí vi a otro poder confabulando.

Confrontando lo real con un teatro,

volví presto al interés que nos unía,

y extrañado con dolor sufrí observando,

a dos torres gemelas destruídas.

No te equivoques

Rico me crees en amores verdes,

pues me rodean bellas mujeres,

mas te equivocas, si es que me crees,

sultán de amores y de placeres.

Si es que me abrazan ojos de fuego,

y a esos encuentros los ves ardientes,

no te equivoques, son muy mutantes,

nunca maduran, se quedan verdes,

y se congelan en mis desvelos.

Sólo tú eres, la que me inquieta,

la que revuelve mi mar de ardores,

la que solaza mi tiempo libre,

a la que riego sus interiores.

Amada amante

(Antidiscurso de Danny Rivera)

Rico lo crees y por dinero

mantienes vivas sus atenciones,

tus falsos celos, tus sinsabores,

mas sólo ofreces restos de un cuerpo

muy poco fiel y jamás sincero.

Ya en ti no existe fuego ni brasas,

cuando te llama y su voz te halaga;

cuando te besa, cuando sonríe,

cuando te ofrece memorias gratas.

Ya no demuestras fiel erotismo

mientras te abraza con su mirada;

sólo respondes con frías latas,

de opaco brillo que no lo abrasan.

Rebeldes ecos, rigor de hielo,

pueblan y afligen sus esperanzas

cuando esperando, "desesperada",

llegan sus brazos a tu morada.

Te duermes sola, soñando aparte

sin más caricias, ni darle nada

porque rechazas su ardiente apego,

aunque esperando su ayuda franca,

porque lo crees rico en amores,

porque lo crees rico en dinero.

Anhelo

Con paciencia voy buscando en el lenguaje

bellas frases que restauren la alegría

que a tu alma una vez hizo brillar;

tiernas frases que te pinten de jarana

la tristeza que has querido cultivar.

Dime alma si deseas arrancar de tu congoja

cualquier aura que tu humor logró apagar

y esculpir bellas estatuas de alegría

de este leño que una vez te hizo sangrar.

Con amor y dulce voz pintaré nuevas canciones

que construyan en tu pecho otra ilusión,

que recorte el rojo hilo que entorpece

repoblar con verde azul a nuestro amor.

Es mi empeño destronar viejos recuerdos de amargura

y esculpir bellas estatuas de pasión

que le inspiren manso porte a tu esperanza

reforzando día a día tu ilusión.

Aticémosle sentido a nuestro ser

Explorando viejas fotos en mi mente

encontré un retrato que perdí

y en él vi tu erotismo acrisolado

con el fuego depurado que te di.

Vivos siguen los colores del retrato,

pura prueba fehaciente de mi amor

y aún ignoro por qué me has olvidado,

y no sé por qué yo te olvidé.

Tal vez nunca hubo claridad de luna llena,

tal vez se fue el amor a nuestros pies,

o quién sabe si otra antorcha pasajera

estorbó aquel lucero del edén .

Sin embargo están calientes las cenizas

de la llama incesante que fraguabas,

con el fuego pasional que disfruté

y en mi pecho aún humean ascuas inflamadas;

aticémosle sentido a nuestro ser.

Elogio

Transparente y soberana en mi presencia está tu alma.

    Transparencia hay en tu pecho, en tus ojos y en tu voz,

    aun cuando callas.

Es tu historia la memoria cristalina de una santa,

    desplegando el amor puro

    aún burlada y traicionada por silvestres verdes sayas

    o por estrellas engañosas descarriadas.

        Cual la noche ante la lumbre reluciente,

tú desnudas tu alma pura y gentileza,

y despliegas tu valor, tu entereza y tu hermosura,

manteniendo tu prestigio en su envoltura,

        tu talante, tu valor y tu enteresa,

            aun sufriendo injustamente y despreciada.

Pesadumbre

Este amor inspirado en tu presencia,

lirio es, acariciado por el viento,

que vibra en carcajadas de contento

al verte suavizando con paciencia

sus voces entre rayos de aspereza.

Sonrío todo el día si te veo,

y vibran mis entrañas en concierto.

Humilde, pido al cielo su clemencia,

pues sé que un seco amor, una mañana,

se torna en soledad y en desconcierto;

provoca que al final de esta jornada

la corrida termina en estocada:

no importa si eres joven o eres viejo,

concluye el carnaval y para en nada.

En el ocaso

En honor a mis viejos

Ya de invierno el olor está en mi bajo

y el otoño está fresco en tu guitarra.

Aunque abundantes eran mis reservas

siento que en mi ocaso ya escasean.

No pensé que el momento llegaría

en que no afinaran ya sus cuerdas.

Disonante es el acorde cuando rasgo,

muchas notas del registro, ondas muertas.

Yo pensé que el problema fuera la guitarra,

y sólo vibran los recuerdos en mi bajo.

Voló el puente, y yo creo, sin remedio;

la madera de arreglarlo ya escasea.

Está entera todavía tu guitarra,

la armonía en los acordes es perfecta;

trastes, brazo y puente están intactos,

suena bien, no desafina ni una cuerda.

Lienzo restaurado

Extraño que te fuiste de mi vida

perdiendo la ocasión de entrar en ella.

Pudiste con pasión dejar tu huella

y hoy, longeva, deploras tu partida.

Tu imprudente nocturna despedida,

albo cincel de angustia que abrasaba,

rasgó el lienzo de amor que se iniciaba,

pura savia melódica de vida.

Aminoran mi angustia anquilosada,

jubilosos recuerdos de tu aliento,

que a mí llegan cual ángeles del alba,

con flautas invocando al firmamento,

pidiendo que en se sanen en bandadas

las constantes heridas en el lienzo.

Heridas y rencores

Malsano el pez que retiene el anzuelo al entrar a su cueva

y la carne herida si no se repone al recibir el dardo.

Infeliz la lombriz si después de partida no subsana su herida

y el lagarto que muere, si en certero azote pierde el rabo.

Tras una tormenta, sabia, se recicla a sí misma la naturaleza,

y al agua apacienta si el viento y la lluvia su cauce revienta.

Es la madre hermosa que mueve a las nubes, distribuye el agua

y reverdece al día que duerme en la noche y despierta al alba.

 De heridas violentas que sufre la flora y la fauna,

el agua y el aire, planetas y estrellas, en todo momento,

se olvida y repone sin guardar rencores todo el firmamento.

Así mismo el hombre si pierde su voz al ser acusado

es tímpano sordo si no se repara al ser denigrado

y retina ciega si la luz que sana no alumbra en su prado.

Índice alfabético

Actitudes	71
Amada amante	116
Amada amistad amada	43
Amnesia	62
Amor carente de armonía	73
Analogías	103
Anhelo	118
Ansias	37
Aticémosle sentido a nuestro ser	120
Brillo en tus ojos	82
Busco un sueño	74
Celos del alba	57
Como astro que gravita el universo	66
Decisión de amarte	64
Desvarío	95
Elogio	122
En el ocaso	124
En espera	47
En tu ausencia	40
En vilo	85
Enamorada	72
Esperanza	76
Fantasía nocturna	27
Heridas y rencores	127
I love you forever Dedicatoria	23
Excusas del fracaso	109
Ilusiones de amor niño	35
La voz de mi alma	33
Lienzo restaurado	126
Me haces falta	79
Mensaje	41
Mi musa	28
Mirándote	52

Naturaleza curiosa	25
Niebla en mi aliento	113
No te equivoques	115
Orillas contrarias	98
Paroxismo	78
Perdido	50
Perla fina	67
Pesadumbre	123
Playa hermosa es tu sonrisa	61
Plegaria	48
Por amor te dejo libre	92
Por honor	88
Porque te amo	58
Promesa vitalicia	68
Reconocimiento	105
Recordándote	39
Sueños de adolescente	30
Sólo tú mi amor silvestre	107
Tormento	46
Torres destruídas	114
Tu fuego de amor	83
Tu llamada	42
Un fracaso enmascarado	111
Virtuoso amor paciente	106

EL AUTOR

Biografía

Pedro Dávila es un educador y poeta puertorriqueño nacido y criado en Puerto Rico. Graduado de B.A. Estudios Hispánicos, Colegio de Humanidades, Universidad de Puerto Rico. Estudios postgraduados en Amherst University, Universidad Central, Barcelona. M. Ed. Worcester State University (Bilingual Education).

La presente obra ha sido editada y diseñada
por Juan Navidad,
terminando el 28 de marzo de 2017

Existen más libros electrónicos y en papel de diversos autores y autoras
de todo el mundo a la venta en La Ovejita Ebooks.
www.laovejitaebooks.com

contacto: **juannavidadNY@gmail.com**